여우야
꼬리 좀 빌려 줘

웅진주니어

초등 과학이 술술 웅진 과학 동화
여우야 꼬리 좀 빌려 줘

초판 1쇄 발행 2010년 11월 1일 | 초판 5쇄 발행 2019년 5월 17일
글 엽영렬 외 | 옮김 국제문화 | 그림 이유나 외 | 감수 황정아
발행인 이재진 | 도서개발실장 조현경 | 편집인 이화정 | 편집주간 송재우 | 편집 온오프
디자인 디자인아이 | 마케팅 이현은, 정지운, 양윤석 | 제작 신흥섭

펴낸곳 (주)웅진씽크빅 | 주소 경기도 파주시 회동길 20 (우)10881
주문전화 (02)3670-1191, (031)956-7325 | 팩스 (031)949-1014 | 내용문의 (031)956-7350
홈페이지 wjbooks.co.kr/WJBooks/Junior | 블로그 wj_junior.blog.me | 페이스북 facebook.com/wjbook | 트위터 @wjbooks
인스타그램 @woongjin_junior
출판신고 1980년 3월 29일 제406-2007-00046호 | 제조국 대한민국

글 ⓒ국제문화 1992, 2010 그림 ⓒ웅진씽크빅 2010
ISBN 978-89-01-11337-1 74400 / 978-89-01-10748-6 (세트)
(저작권자와 맺은 특약에 따라 검인을 생략합니다.)

웅진주니어는 (주)웅진씽크빅의 유아·아동·청소년 도서 브랜드입니다.
이 책은 저작권법에 따라 보호받는 저작물이므로 무단전재와 무단복제를 금지하며,
이 책 내용의 전부 또는 일부를 이용하려면 반드시 저작권자와 ㈜웅진씽크빅의 서면 동의를 받아야 합니다.
이 도서의 국립중앙도서관 출판예정도서목록(CIP)은 서지정보유통지원시스템(http://seoji.nl.go.kr)과 국가자료종합목록시스템
(http://www.nl.go.kr/kolisnet)에서 이용하실 수 있습니다. (CIP 제어번호: CIP2010003722)

잘못 만들어진 책은 바꾸어 드립니다.
※주의 1_책 모서리가 날카로워 다칠 수 있으니 사람을 향해 던지거나 떨어뜨리지 마십시오. 2_보관 시 직사광선이나 습기 찬 곳은 피해 주십시오.
웅진주니어는 환경을 위해 콩기름 잉크를 사용합니다

여우야 꼬리 좀 빌려 줘

웅진주니어

머리말

여러분은 거미나 개미 같은 벌레를 보면 어떤 생각이 드나요?

귀엽나요? 아니면 징그럽다고 생각하나요?

아마 귀엽다고 생각하기보다는 징그럽다고 멀찍이 도망가는 친구들이 더 많을 거예요.

요즘은 사람이 자연과 멀어져서 그런 생각을 하게 되었을 거예요.

느끼지 못해서 그렇지 사실 우리는 수많은 생물들과 함께 살고 있어요.

학교 운동장에 가 보세요. 가만히 귀 기울이면 새들이 지저귀는 소리가 들릴 거예요. 또 곳곳에 있는 꽃들과 나무들은 쑥쑥 자라서 꽃을 피우고 열매를 맺어요. 작은 연못 속에도 눈에는 잘 보이지 않지만 여러 가지 생물들이 살지요.

이 책은 생물들이 어떤 모습으로 어떻게 지혜롭게 사는지,

동화로 꾸민 작품들을 담았어요.

중국 과학 동화집 가운데 재미있는 작품들만 골랐지요.

우리 몸에서부터 태양계까지 어떤 비밀이 있는지, 우리 생활 구석구석
숨어 있는 과학 원리는 무엇인지 동화 속에 녹아 있어요.
과학을 좋아하는 친구들은 물론이고 과학은 딱딱하고 어렵다고 생각하는
친구들도 재미를 느낄 수 있게 말이에요.
그러면 꼬물거리는 벌레도 친구 같은 생각이 들지 않을까요?
자, 그럼 생물들이 어떤 남다른 재주로 살아가는지 살펴볼까요?

🐌 잠깐, 얘기해 둘 것이 있어요. 이 책은 사실과 다른 부분이 있어요.
이를테면 동물들끼리 이야기를 나눈다거나 동물이 음식을 익혀서 먹는 거예요.
작가 선생님들이 좀 더 재미있게 이야기하기 위해서 상상해서 쓴 것이랍니다.

차 례

머리말 … 4

차례 … 6

큰 사슴의 뿔(백충무) … 8

여우야 꼬리 좀 빌려 줘(엽영렬) … 14

고슴도치의 가시(호련연) … 24

공격 무기 • 동물들은 몸이 무기예요 … 30

사냥개와 토끼의 달리기 경주(여예부) … 32

아기 백로는 재간둥이(임송영) … 40

일등 동물 • 내가 최고예요 ⋯ 46

아프리카에서 온 손님(혜홍) ⋯ 48

꼭꼭 숨어라, 머리카락 보인다(양향홍) ⋯ 58

생존 전략 • 우리는 숨바꼭질 선수예요 ⋯ 66

얼룩말과 사자의 싸움(손유침) ⋯ 68

사냥개를 따돌린 여우 부부(동순재) ⋯ 74

바닷게가 엄마를 찾네(정일여) ⋯ 84

방어 행동 • 우리는 도망가기 선수예요 ⋯ 90

숙제 도우미 ⋯ 92

큰사슴의 뿔

검은담비가 나무 구멍에서 나와 이리저리 기웃거리다가
저 아래에서 걸어오는 큰사슴을 보았습니다.
검은담비가 그 모습에 감탄을 하며 소리 질렀어요.
"야, 정말 세상에서 가장 크다는 큰사슴답구나!
소나 말보다 더 큰 저 키 좀 봐. 툭 솟아오른 어깨는
낙타 등에 난 혹을 닮았는걸.

어허, 머리에는 또 커다란 뿔이 한 쌍 달려 있네!

저건 틀림없이 적과 싸울 때 쓰는 무기일 거야."

큰사슴은 이 말을 들었지만 뻐기지 않고 사실대로 말했습니다.

"내 뿔은 무기가 아니야."

하지만 검은담비는 큰사슴의 말을 믿지 않았습니다.

어느 눈 내리는 날이었어요.

검은담비가 다람쥐를 뒤쫓고 있었지요.

다람쥐는 요리조리 잽싸게 달아났습니다.

그런데 어디서 헉헉거리는 거친 숨소리와 요란하게 치고받는

소리가 들렸습니다.

담비가 소리 나는 곳을 가 보니,

눈 덮인 땅 위에 이리 한 마리가 축 늘어져 있고 큰사슴은

뒤돌아 가고 있지 않겠어요!

검은담비는 방금 죽은 이리의 모습을 보고는

혼자 중얼거렸어요.

"야, 정말 대단하군! 큰사슴이 뿔로 이리를 들이받아 죽인 게

틀림없어."

검은담비가 그곳을 떠나 길을 가다가 흰 양을 만났습니다.
검은담비는 흰 양에게 방금 일어난 일을 말해 주었어요.
큰사슴이 이리를 뿔로 들이받아서 죽였다고 말이에요.
흰 양은 웃으면서 말했습니다.
"너는 아직 큰사슴에 대해서 모르고 있구나. 큰사슴은 뿔로 들이받지 않아."

검은담비가 말했습니다.

"뿔로 받지 않는다면 무얼 가지고 싸우니? 설마 입으로 물어뜯는다는 말은 아니겠지?"

흰 양이 말했습니다.

"우리 말다툼하지 말고 함께 가서 이리 몸에 난 상처를 살펴보는 게 어때?"

둘이서 이리가 쓰러져 있는 곳을 찾아가 보니, 이리의 배 두 군데에 상처가 나 있었습니다.

검은담비가 말했습니다.

"이건 틀림없이 큰사슴의 뿔에 받혀서 난 상처야! 나는 틀린 말을 하지 않았어."

흰 양이 말했습니다.

"거참, 어떻게 설명해야 할지 모르겠네. 큰사슴과 이리가 싸우는 것을 네 눈으로 보아야만 진실을 알겠구나."

며칠 뒤 검은담비는 정말 큰사슴과 이리가 싸우는 것을 두 눈으로 똑똑히 보게 되었답니다.

굶주린 이리 두 마리가 큰사슴 뒤를 살그머니 쫓아가고

있었어요.
큰사슴은 귀가 아주 밝아서 금방 알아채고 달아나기
시작했어요.
굶주린 이리 두 마리가 뒤따라 마구 달렸어요.
마침내 큰사슴은 이리와 싸우기로 결심했는지
제자리에 우뚝 섰어요.
그러고는 이리가 뒤에서 큰사슴을 막 덮치려는 순간,
젖 먹던 힘을 다해 뒷다리 두 개를 번쩍 들어 이리에게 발굽을
세차게 내질렀어요.
이리는 그만 턱을 세게 맞고 땅바닥에 나동그라지더니
꼴깍하고 숨이 넘어가고 말았어요.
남은 이리 한 마리는 그 모습을 보고는
어찌나 무서웠는지 걸음아 날
살려라 하고 있는 힘껏
달아났습니다.
이 모든 것을 본 검은담비는
자기가 잘못 생각하고

있었다는 것을 깨달았습니다.

큰사슴이 싸울 때 쓰는 무기는 머리에 달린 뿔이 아니라 단단한 발굽이랍니다.

여우야 꼬리 좀 빌려 줘

호랑이 대왕이 온 산속에다 대왕의 '알리는 글'을 붙이라고 산양에게 명령하였습니다.
산양은 걸음이 빨라 심부름꾼으로 최고였어요.
'알리는 글'에는 이렇게 쓰여 있었습니다.

'내일 짐승 대회를 여니 모두 참가할 것'

동물들이 하나둘 모여들어 '알리는 글'을 읽어 보고는 다시 뿔뿔이 흩어졌습니다.
그런데 아기 토끼 한 마리만 그 자리에 서서 걱정스런 얼굴로 그 글을 읽고 있었어요.
아기 토끼는 터벅터벅 걸어서 집으로 돌아갔습니다.
'다른 짐승들은 모두 색깔도 곱고 모양도 멋있는 꼬리가 있는데, 내 꼬리는 이게 뭐람!

이렇게 짧고 못생긴 꼬리를 달고 짐승 대회에 나갔다가는
놀림만 받을 거야.'
아기 토끼는 너무 슬퍼서 가슴이 찢어지는 것 같았습니다.
'이 일을 어떻게 하지?'
고개를 숙인 채 온 종일 걱정하던 아기 토끼는 한 가지 방법을
생각해 냈습니다.
'그래, 꼬리를 빌리는 거야!'
아기 토끼는 팔짝팔짝 뛰면서 꼬리를 빌리러 나갔습니다.

아기 토끼가 큰 황소와 마주쳤어요. 아기 토끼가 황소에게 부탁했어요.

"황소 오빠, 저한테 하루 동안만 꼬리를 빌려 주면 안 될까요?"

황소는 화를 벌컥 냈습니다.

"안 돼, 안 돼! 어림없어. 나한테 달라붙는 파리나 모기를 쫓으려면 이 꼬리가 있어야 하는데 너한테 빌려 주면 나는 어떻게 하니?"

아기 토끼는 기운이 쭉 빠져서 다시 길을 걸었습니다.

가다 보니 원숭이가 한가롭게 그네를 타고 있었습니다.

'얼마나 재미있을까!'

하고 생각하며 아기 토끼가 원숭이에게 말했습니다.

"원숭이 언니, 저한테 하루 동안만 꼬리를 빌려 주면 안 될까요?"

원숭이는 화를 벌컥 냈습니다.

"안 돼, 안 돼! 어림없어. 내가 나무에 매달려

그네를 타려면 이 꼬리가 있어야 하는데 너한테 빌려 주면 나는 어떻게 하니?"

아기 토끼는 기운이 쭉 빠져서 다시 길을 걸었습니다.

이번에는 캥거루가 저쪽에서 뛰어왔습니다.

아기 토끼가 캥거루에게 말했습니다.

"캥거루 아주머니, 저한테 하루 동안만 꼬리를 빌려 주면 안 될까요?"

캥거루도 화를 벌컥 냈습니다.

"안 돼, 안 돼! 어림없어. 나는 달리기를 하다가 쉴 때 앉아야

하는데 이 단단한 꼬리와 두 다리가 있어야만
삼각 '의자'를 만들 수 있어.
너한테 빌려 주면 나는 어떻게 하니?"
아기 토끼는 다리 힘도 쭉 빠졌습니다.
아기 토끼는 나무 아래 주저앉아서 엉엉 울었습니다.
"토끼 언니, 왜 그렇게 우세요?"
나무 위에서 아기 참새가 물었습니다.
"내일 짐승 대회에 나가려면 꼬리를 빌려야 해.

하지만 아무도 나한테 꼬리를 빌려 주지 않아.

참새야, 너라도 나한테 꼬리를 빌려 주지 않을래?

딱 하루면 돼."

"안 돼요, 안 돼."

참새가 고개를 가로저었습니다.

"내가 째째해서가 아니라 정말이지 빌려 줄 수가 없어요. 내 꼬리는 비행기의 꼬리 날개나 다름없어요. 꼬리가 없으면 하늘을 날 때 방향을 잡을 수가 없거든요."

참새는 이렇게 말하고 포르르 날아갔습니다.

아기 토끼는 실망이 컸습니다.

힘없이 집으로 돌아오던 아기 토끼가 여우를 만났습니다.

아기 토끼는 한 번 더 용기를 내어 여우에게 부탁했습니다.

"여우 선생님, 저한테 하루 동안만 꼬리를 빌려 주면 안 될까요?"

여우가 말했습니다.

"안 돼, 안 돼! 어림없어. 나는 잠잘 때 이 큰 꼬리를 몸 밑에 깔고 자야 해. 꼭 담요나 베개처럼. 그런데 너한테 꼬리를

빌려 주면 나는 어떻게 하니?"

그래도 아기 토끼는 사정을 했어요.

"딱 하루면 되거든요."

여우의 눈이 갑자기 무섭게 변했습니다.

"쓸데없는 소리 마. 나는 지금 배가 몹시 고프거든……."

여우가 침을 흘리면 다가오자 아기 토끼는 깜짝 놀라
집으로 도망쳤습니다.

아기 토끼는 엄마 토끼에게 자기 마음을 털어놓았습니다.

엄마 토끼가 듣고는 웃으며 말했습니다.

"요, 맹꽁아! 우리 토끼에게 긴 꼬리가 무슨 소용이 있니?
우리 토끼는 옛날부터 빨리 달리기로 이름이 나 있잖아.
꼬리가 짧으면 짧을수록 더 빨리 달릴 수 있다는 것을 몰라?
만약 꼬리가 없다면 얼마나 더 빨리 달릴 수 있을까!"
아기 토끼는 엄마 토끼의 말을 듣고 나서야 기분이
좋아졌습니다. 다음 날 아기 토끼는 엄마 토끼 손을 잡고
콧노래를 부르며 짐승 대회에 나갔습니다.

고슴도치의 가시

어느 날 이리가 고슴도치를 잡아먹으려고 하자 고슴도치가 몸에 난 가시로 이리의 혀를 찔러 버렸어요. 이리가 피를 철철 흘리며 달아났는데 그것을 본 까치가 숲 속에 그 일에 대해 소문을 냈답니다.
덕분에 고슴도치가 아주 유명해졌습니다.
숲 속 동물들이 유명한 고슴도치의 가시를 보려고 하나둘씩 고슴도치 집으로 모여들었습니다.

고슴도치는 자기가 유명해진 줄도 모른 채 집 앞에 쪼그리고 앉아 꾸벅꾸벅 졸고 있었어요.

겁 없는 곰이 고슴도치를 보고는 웃었습니다.

"하하, 나는 또 대단한 친구인 줄 알았더니 겨우 내 주먹만 하잖아."

곰의 웃음소리에 고슴도치가 깨어났습니다.

고슴도치는 동물들이 자기를 둘러싸고 있는 것을 보고 깜짝 놀라 금세 몸을 움츠리고 온몸의 가시를 빳빳하게 세웠습니다.

보세요! 저러니 꼭 가시로 만든 공 같지 않아요?

곰이 발바닥으로 고슴도치를 살짝 밟아 보았습니다.

"아이고, 아야!"

고슴도치의 가시가 곰 발바닥을 찌르자 곰은 펄쩍 뛰며 비명을 질렀습니다.

발바닥에 달라붙은 고슴도치를 떼어 내려고 곰은 발을 허공에 대고 휘둘렀지만 고슴도치는 쉽게 떨어지지 않았어요.

결국 곰은 망신만 톡톡히 당하고 절뚝거리며 물러날 수밖에 없었지요.

이 일을 지켜본 동물들이 또 소문을 냈고, 이제 고슴도치는 숲 속의 누구도 맞서 싸우기를 두려워하는 영웅이 되었습니다.

고슴도치는 자기가 영웅이 된 것을 처음에는 몰랐지만

자기만 보면 무서워서 슬슬 꽁무니를 빼는 동물들을 보면서

차차 알게 되었어요.

"나는 이제 누구도 두렵지 않아!"

예전에는 나무 사이로 살금살금 걸어 다니던 고슴도치가

이제는 큰길을 따라 어깨에 잔뜩 힘을 주고 어슬렁어슬렁 걸어 다녔습니다.

"어느 놈이 감히 나한테 덤벼!"

그러던 어느 날 고슴도치가 풀밭에서 지렁이를 찾고 있었는데, 막 발견한 지렁이를 어느새 수탉이 나타나 낼름 입으로 쪼았습니다.

고슴도치는 화가 치밀었습니다.

"그 지렁이를 어서 내놔!"

고슴도치는 수탉에게 명령했습니다.

하지만 수탉은 지렁이를 발톱으로 누른 채 어림없다는 듯이 말했습니다.

"이 지렁이는 내가 잡은 것인데 왜 너한테 줘야 하니?"

"네가 감히 내 앞에서 그 따위 소리를 하다니! 곰도 나를 무서워하거늘 너 따위 수탉이 내 말을 거역해?"

볏이 빨개질 만큼 화가 단단히 난 수탉이 막 따지려는데, 갑자기 눈이 파란 족제비가 나타났습니다.

"이키, 족제비다!"

수탉은 족제비를 보고 지렁이를 버린 채 재빨리 달아났습니다.
고슴도치도 갑자기 족제비가 와서 놀랐지만 곧 이렇게
생각했습니다.
'이리도 나한테 쫓겨 달아났는데 저까짓 족제비쯤이야…….
지금 내가 생각할 것은 족제비가 아니라 수탉이 버리고 간
지렁이지.'
그런데 족제비가 고슴도치를 노려보며 천천히 다가왔습니다.
족제비쯤이야 하고 가만히 있던 고슴도치는 덜컥 겁이
났습니다.
고슴도치는 얼른 몸을 웅크리고 온몸의 가시를 빳빳이
세웠습니다.
'이제 저놈도 꽁무니를 빼고 달아나겠지.'
고슴도치는 이렇게 생각하며 실눈을 살짝 뜨고 보았습니다.
'아니, 저놈이 그래도!'
어느새 족제비는 고슴도치에게 더 가까이 다가와 조용히
맴돌고 있었습니다.
그러다가 갑자기 족제비가 방귀를 '뿡' 뀌었어요.

고슴도치는 지독한 냄새 때문에 비틀거리다가 그만 정신을
잃고 말았습니다.
수다쟁이 까치가 그것을 보고 숲 속 동물들에게 새로운 소식을
전했습니다.
"우리의 영웅 고슴도치가 족제비에게 당했대요!"

공격 무기

동물들은 몸이 무기예요

동물들은 여러 가지 이유로 싸움을 해요. 먹이를 구하거나 자기 영역을 지킬 때, 또 암컷을 차지하기 위해 싸우지요. 싸울 때는 저마다 몸의 일부분으로 적을 공격해요.

날카로운 이빨

뾰족한 송곳니나 날카로운 이빨로 먹잇감을 공격해요.

상어
상어의 이빨은 모두 뾰족해요. 부러지면 새 이빨이 금세 자라나요.

표범
날카로운 이빨로 사냥감의 목덜미를 물어 숨이 끊어지게 해요.

멧돼지
송곳니가 입 밖으로 나올 정도로 발달했어요. 싸울 때는 날카로운 송곳니로 공격을 해요.

힘이 센 앞발

무엇보다 앞발 힘이 센 동물도 있어요. 앞발을 한번 휘두르면 웬만큼 큰 동물들도 나가떨어지지요.

캥거루
암놈을 서로 차지하려고 앞발을 휘두르고, 뒷발로 뛰어 차요.

아메리칸 불곰
동물들 가운데 앞발 힘이 가장 세요.

호랑이
뛰어올랐다 내리치는 앞발의 힘은 1톤 무게와 비슷해요.

단단한 뿔

동물의 뿔은 싸울 때도 필요하지만 암컷의 마음을 사로잡으려고 수컷끼리 겨룰 때도 필요해요.

소
정수리 양쪽으로 뿔이 났어요.

양
뒤쪽 아래를 향해 소용돌이 모양으로 말려 있어요.

코뿔소
피부가 변해서 뿔이 되었어요.
1~2개의 뿔이 코 위에 있어요.

사슴
여러 개의 가지로 갈라졌어요.
수컷만 뿔이 있어요.

뾰족한 가시

몸에 나 있는 가시를 빳빳하게 세워 방어하는 동물도 있어요. 힘이 센 상대도 찔릴까 봐 피해 가지요.

호저
등과 옆구리, 꼬리에 가시가 있어요.
적과 싸울 때는 꼬리를 휘둘러요.

고슴도치
적이 나타나면 몸을 말고 가시를 곤두세워요. 아프리카 고슴도치의 가시는 끝이 갈고리처럼 휘어서 적의 몸에 박히면 절대 빠지지 않아요.

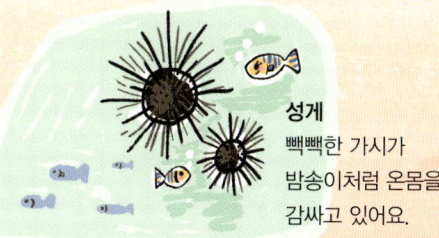

성게
빽빽한 가시가 밤송이처럼 온몸을 감싸고 있어요.

사냥개와 토끼의 달리기 경주

사냥개와 토끼가 달리기 경주를 하기로 했습니다.
동물들의 달리기 경주니까 장소는 운동장이 아니고
산비탈입니다.
마침 경사가 급하고 길어서 달리기 경주를 하기 좋은
산비탈이 하나 있었습니다.
그런데 사냥개와 토끼는 아직 경주 방식을 정하지

못하고 있었습니다.

달려 올라가는 경주를 할까, 아니면 달려 내려가는 경주를 할까?

토끼가 먼저 말했습니다.

"달려 올라가든 달려 내려가든 나한테는 똑같으니까 너 편한 대로 해. 나는 어느 쪽이든 자신 있으니까."

사냥개가 생각해 보았습니다.

'비탈길을 올라가는 것이 내려가는 것보다 힘이 더 들 텐데 어떻게 같을 수가 있겠어. 체력으로 따지자면 내가 토끼보다 훨씬 낫지. 그렇다면 달려 올라가는 것이 나한테 유리하지 않을까?'

사냥개는 결정을 못하고, 생각하고 또 생각했습니다.

그러자 거북 생각이 났습니다.

거북과 토끼가 달리기 경주를 했을 때 거북이 토끼를 이겼다는 이야기를 들은 적이 있기 때문입니다.

'그래, 거북을 찾아가서 이길 수 있는 방법을 물어봐야지.'

거북이 자기를 찾아온 사냥개를 보며 말했습니다.

"무슨 특별한 방법이 있겠어? 그때 나는 뒤처져서 엉금엉금
기어갔지. 그래도 있는 힘껏 발걸음을 떼어 놓았는데
잘난 척하는 토끼가 앞서 가다가 글쎄 길바닥에 누워
낮잠을 자 버린 거야. 내가 도저히 자기 상대가 안 된다고
생각한 거지. 토끼가 한숨 달게 자고 깨어났을 때
나는 벌써 결승점에 들어가 있었지."
사냥개가 말했습니다.

"이번에는 결코 토끼가 낮잠을 자는 일은 없을 거야.
나는 있는 힘껏 달려서 이기는 수밖에 없어."
거북이 말했습니다.
"달리기 경주는 힘이 더 많은 쪽이 유리하지만 그래도 힘만
가지고는 안 돼. 자기 장점을 잘 쓸 줄 알아야 이길 수 있다고."
사냥개가 물었습니다.
"토기와 경주할 때 달려 올라가는 쪽이 유리할까, 아니면
내려가는 쪽이 유리할까?"
거북이 잠깐 생각하더니 말했습니다.
"경주 방식을 네가 고를 수 있다면 너는 달려 내려가기를 하는
것이 좋을 거야."
사냥개가 물었습니다.
"달려 내려가기를 겨루라고? 왜?"
거북은 그저 '허허' 웃으며 말했습니다.
"먼저 알려고 하지 마. 경주를 해 보면 알게 될 테니까."
사냥개는 생각했습니다.
'거북이 말한 거니까 틀림없이 그럴 만한 이유가 있을 거야.

일단 거북의 생각에 따라 보자.'
달려 내려가기를 겨루자는 사냥개의 제안에 토끼는
별생각 없이 그러자고 했습니다.
드디어 경주를 시작합니다.
심판을 맡은 친구는 원숭이입니다.
"준비, 땅!"

'땅' 하는 소리와 함께 사냥개와 토끼는 날듯이 달려 내려갑니다.
사냥개가 앞서 달리기 시작합니다.
그런데 저런, 토끼를 좀 보세요!
토끼는 이상하게도 달리다가는 넘어지고 또 힘껏 달리려다가는
곤두박질치고…….
토끼가 간신히 결승점에 가 보니 사냥개가 벌써 와서
기다리고 있었습니다.
토끼 얼굴은 온통 흙투성이에다 벌겋게
달아올라 있었습니다. 아이고, 또 졌구나!
시끌벅적하게 경주를 구경하던 친구들은 다들
토끼가 이길 것이라고 생각했지만,
뜻밖에도 사냥개가 먼저 달려 들어오자

모두 깜짝 놀랐습니다.

깜짝 놀란 것은 친구들만이 아니었습니다.

사냥개도 토끼가 왜 졌는지 궁금할 뿐이었습니다.

더구나 거북은 누가 이길지 어떻게 미리 알아맞힐 수 있었을까
아주 궁금했습니다.

사냥개는 다시 거북을 찾아갔습니다.

거북이 말했습니다.

"토끼가 질 수밖에 없었어. 너도 보면 알겠지만,
토끼는 앞다리가 짧고 뒷다리가 길거든.

그래서 달려 올라갈 때는 적은 힘으로도 가볍게 뛰어갈 수 있어.

아마 달려 올라가는 것이라면 너보다 빠를 거야.

하지만 달려 내려갈 때는 다르지.

토끼는 앞다리가 짧아서 뒷다리로 힘껏 땅을 박차면
앞다리가 그 힘을 견디지 못하거든.

더구나 산비탈이 아주 심하게 비탈져서 곤두박질칠 수밖에."

사냥개는 머리를 긁적거리며 고개를 끄덕였습니다.

"경주를 하기 전에 보니까 토끼는 자기 약점을 조금도 모르는

것 같았어. 그런데 너는 내 장점과 토끼의 단점을 꿰뚫어 보고 있었으니 정말 대단해. 내가 경주에 이긴 것은 순전히 네 덕분이야. 정말 고마워."

아기 백로는 재간둥이

아기 백로가 호숫가에서 놀고 있었습니다.

아기 백로는 키다리랍니다. 쭉 뻗은 긴 다리를 보세요.

두 날개를 쉼 없이 너울거리고 두 다리로 박자를 맞추면서

아름다운 춤을 추고 있어요. 정말 날렵하지 않나요?

아기 백로가 우쭐거리며 말하는 것 좀 들어 보세요.

"나는 무용이라면 한가락한다고!"

아기 백로가 윗기슭으로 걸어갑니다.

엄마 오리가 그쪽에서 땅딸막한 몸을 뒤뚱거리며 걸어오고 있었습니다. 아기 백로는 생각했습니다.

'저 짧은 다리로 뒤뚱거리며 오는 것 좀 봐, 정말 못 봐 주겠군.'

아기 백로는 엄마 오리에게 물었습니다.

"오리 아줌마, 아줌마는 춤을 출 줄 아세요?"

엄마 오리가 발바닥을 들어 보이고는 웃으면서 말했습니다.

"나는 춤을 출 줄 몰라. 하지만 내 발바닥은 노처럼 물살을 잘 가른단다."

아기 백로가 말했습니다.

"믿을 수가 없어요!"

엄마 오리는 '풍덩' 하는 소리와 함께 물속으로 뛰어들더니
두 발을 저어서 매끄럽게 앞으로 나아갔어요.
마치 하얀 배 한 척처럼 빠르고 멋진 헤엄 솜씨였습니다.
이 모습을 본 아기 백로는 고개를 끄덕였습니다.
그때 수탉 한 마리가 고개를 바짝 쳐들고 왔습니다. 아기 백로가
이번에는 수탉에게 물었습니다.
"수탉 아저씨, 아저씨는 헤엄을 칠 줄 아세요?"
수탉이 발톱을 들어 보이고는 웃으면서 말했습니다.
"나는 헤엄을 칠 줄 몰라. 하지만 내 발톱은 쟁기처럼 흙을 잘
파헤치기 때문에 흙 속의 벌레들을 잡아먹는 데는 그만이야."

아기 백로가 말했습니다.
"믿을 수가 없어요!"
수탉은 발톱으로 흙을 파헤치더니
보란 듯이 벌레 한 마리를
낚아챘습니다.
이 모습을 본 아기 백로는 고개를
끄덕였습니다.

이번에는 담장에서 이리저리
기어다니는 아기 도마뱀붙이를 보고
아기 백로가 물었습니다.
"아기 도마뱀붙이야! 너는 흙을 파서
벌레를 잡아먹을 줄 아니?"
아기 도마뱀붙이가 고개를 돌리며
다가오더니 웃으면서 말했습니다.
"나는 흙을 팔 줄 몰라. 하지만 내 발바닥에는
빨판이 달려 있기 때문에 나는 자석처럼 담장에 붙어서
떨어지지 않을 수 있단다."
아기 백로가 말했습니다.
"믿을 수가 없어!"
아기 도마뱀붙이는 담장을 빠르게 오가더니 날아가던 모기를
단숨에 잡아먹었습니다.
이 모습을 본 아기 백로는 고개를 끄덕였습니다.
나무 그늘에서 잠을 자던 커다란 얼룩 고양이가
나른하게 기지개를 켜면서 다가오자

아기 백로가 또 물었습니다.

"고양이 언니, 언니는 담장에 붙어서 모기를 잡을 수 있나요?"

얼룩 고양이가 발을 들어 보이고는 웃으면서 말했습니다.

"나는 담장에 붙어서 모기를 잡을 줄은 몰라.

하지만 내 발바닥은 부드러운 살덩어리로 되어 있어서

길을 가도 소리가 나지 않거든. 그래서 쥐를 잡는 데는 선수지."

아기 백로는 한숨을 내쉬며 부끄러워 고개를 숙였습니다.

"다른 동물들의 발은 다 쓸모가 있구나! 그런데 내 다리로는 겨우 춤을 출 수 있을 뿐이니……. 나는 자랑할 만한 것이 아무것도 없어."

아기 백로는 춤을 출 기운이 나지 않았습니다.

아기 백로가 배가 고파서 호숫가로 고기를 잡으러 갔습니다.
아기 백로는 쭉 뻗은 긴 다리를 물속에 담근 채 가만히 서
있었습니다.
무엇을 하려는 것일까요? 마침 조심성 없는 물고기 한 마리가
지나가다 아기 백로의 다리를 보고 말했습니다.
"별것 아니군. 갈대잖아!"
아기 백로는 이 기회를 놓치지 않고 긴 부리를 재빨리 내뻗어
'휙' 하는 소리와 함께 물고기를 낚아챘습니다.
"아, 참 어리석은 물고기야."
아기 백로는 물고기를 꿀꺽 집어삼키고는
기분이 좋아져서 말했습니다.
"내 긴 다리는 쓸모가 있어.
물고기들이 모두 속아 넘어가잖아.
그래, 누구나 쓸모 있는
다리를 갖고 있는 거야!"

일등 동물

내가 최고예요

동물들은 남다른 재주들을 가졌어요. 이런 재주 덕분에 적의 공격을 피하고, 먹잇감을 잘 잡고, 많은 자손을 남기지요.

가장 느린 세발가락나무늘보
포유류 가운데 가장 느린 세발가락나무늘보는 몹시 느려서 털에 녹조류가 자랄 정도예요. 하지만 녹조류 덕분에 식물처럼 보여서 천적을 피할 수 있어요. 잠자기도 일등으로, 하루 20시간 정도를 자요.

가장 높이 뛰는 거품벌레와 임팔라
몸길이가 6밀리미터밖에 안 되는 거품벌레는 무려 70센티미터를 뛰어올라요. 포유동물 가운데는 임팔라가 높이뛰기 선수여서 12미터 정도를 뛰어올라요.

가장 키가 큰 기린
기린은 키가 대부분 5.5미터가 넘어요. 키는 크지만 목뼈는 다른 동물과 마찬가지로 일곱 개예요.

야호!

우리 아기는 내년에 나와.

아직도 안 낳았어?

와글와글

자식 복이 많아요.

가장 짧게 임신하는 남쪽주머니쥐, 가장 오래 임신하는 인도코끼리
남쪽주머니쥐는 12일 만에 새끼를 낳고, 코끼리는 무려 22개월이 걸려야 아기를 낳을 수 있어요.

가장 새끼를 많이 낳는 텐렉
텐렉은 한 번에 새끼를 12~20마리씩 낳아요. 포유류 가운데 가장 번식력이 좋아요.

가장 높은 곳에서 사는 야크
야크는 해발 4000~6000미터의 티베트 고원에서 살아요.

가장 빠른 치타
치타는 세계에서 가장 빠른 단거리 달리기 선수예요. 시속 100킬로미터가 넘는 속도를 내는데, 오래 달리지는 못해요.

가장 큰 아프리카코끼리, 가장 작은 뒤쥐류
땅 위에 사는 동물 가운데 가장 큰 아프리카코끼리는 수컷의 몸길이가 6~7.5미터, 몸무게는 6톤 정도예요. 귀 길이는 1미터가 넘어요. 뒤쥐류는 3.5~5.5센티미터이고 몸무게는 1.8~3그램밖에 안 나가요.

가장 큰 알을 낳는 타조
새들 가운데 가장 크지만 날지 못하는 타조는 작은 공만 한 알을 낳아요.

가장 깊이 잠수하는 향유고래
몸길이가 11~18미터이고 수컷의 몸무게가 약 57톤이나 돼요. 한 시간이나 잠수할 수 있고 수심 2200미터 이상까지도 내려가요.

아프리카에서 온 손님

아프리카에서 카멜레온이 찾아온다는 소식이 날아들었습니다.
숲 속이 온통 떠들썩해졌습니다.
카멜레온은 도마뱀이랑 거북이랑 도마뱀붙이를 찾을
생각이었습니다.
이들은 카멜레온과 같은 파충류이기 때문입니다.
그런데 카멜레온이 갑자기 마음을 바꾸어 파충류가 아니라 곤충들을 만나기로 했습니다.

어차피 외국으로 가는 것이니까 조금이라도 자기와 다른

동물들을 만나 보는 것이 더 재미있겠다고 생각했기

때문이지요.

카멜레온을 맞이하게 된 곤충들은 회의를 열었습니다.

베짱이가 먼저 자기 의견을 말했습니다.

"우리가 카멜레온과 재주를 겨루어 봤으면 하는데,

어떤 재주를 가지고 겨루면 좋을까요?"

"누가 더 잘 숨는지 내기를 합시다."

메뚜기가 일어나서 말했습니다.

"나는 보호색을 가지고 있어요. 온몸을 초록색으로 물들인 다음

풀숲에 숨으면 아무도 나를 찾을 수 없답니다."

"나도 낍시다!"

누군가 나뭇가지 위에서 고함을 질렀습니다.

모두 고개를 들자 나뭇가지 한 토막이 땅으로 구부러져

내려왔습니다.

그런데 자세히 들여다보니 그것은 나뭇가지가 아니었습니다.

나무 위에 사는 자벌레였던 거지요.

"대단한 재주다!"

모두 아낌없이 칭찬을 했습니다.

"이런 것은 아무것도 아니랍니다."

자벌레가 겸손하게 말했습니다.

"그저 '흉내내기'일 뿐인걸요. 작은 기술이에요. 저보다 훨씬 뛰어난 기술을 가진 분도 계신데……."

"그분이 누구인데요? 어디에 계시지요?"

귀뚜라미가 큰 소리로 물었습니다.

자벌레가 대답했습니다.

"아마 나뭇가지 위에 계실 거예요. 누가 좀 찾아봐 주시겠어요?"

모두 나뭇가지 위를 올려다보았습니다.

그렇지만 웬걸요. 나뭇가지 위에는 나뭇잎만 무성할 뿐 특별해 보이는 것은 하나도 없었답니다.

"아니, 나뭇가지 위에 누가 있다는 말이야?"

모두 한목소리로 물었습니다.

"바로 제가 있던 곳 옆에 계신답니다. 자, 보세요!"

자벌레는 왼쪽을 가리켰습니다.

왼쪽에는 마른 나뭇잎만 있었습니다.

그런데 이상한 일이 일어났습니다.

'나뭇잎'이 갑자기 펼쳐지더니 날개로 변하는 게 아니겠어요?

이 신기한 날개를 가진 곤충은 훨훨 날아서 내려왔습니다.

이 요술 날개의 주인공은 나뭇잎나비였답니다!

모두 '와' 하고 함성을 질렀습니다.

이제 회의를 마칠 때가 되었습니다.

곤충들은 다음과 같은 결정을 내렸습니다.

메뚜기, 자벌레, 나뭇잎나비가 아프리카에서 오는 손님과 재주를 겨루기로 한다!

카멜레온이 왔습니다.

흥미진진한 대결을 기대하면서 모두 모였습니다.

하지만 카멜레온은 뜻밖에도 곤충 대표들과 재주를 겨루지 않겠다고 했어요.

재주를 겨루어 보지 않아도 자기를 맞이하는 곤충들이 어떤 재주를 가지고 있는지 잘 알고 있다고 했어요.

"저는 여러분의 재주를 잘 알고 있습니다."

카멜레온이 점잖게 말했습니다.

"메뚜기한테는 보호색이 있고 자벌레와 나뭇잎나비는 흉내를 아주 잘 내는 재주가 있지요. 저는 이분들을 아주 존경하고 있습니다. 제가 이런 훌륭한 분들과

겨룬다는 것은 말도 안 됩니다. 다만, 허락해 주신다면
별것은 아니지만 제가 가지고 있는 재주를
여러분들께 보여 드리고 싶습니다."
이야기를 마친 카멜레온은 천천히 꽃밭으로 들어갔습니다.
꽃밭에는 들꽃들이 활짝 피어 있었습니다.
빨간 꽃, 하얀 꽃, 노란 꽃, 보라색 꽃들이 푸른 풀잎들과
어우러져 아름다운 모습을 한껏 뽐내고 있었지요.
그 꽃밭으로 들어가는 카멜레온을 바라보던 곤충들은
깜짝 놀랐습니다.
아니, 이럴 수가! 눈앞에서 카멜레온이 사라져 버린 것입니다.
혹시 마술을 부리고 있는 것은 아닐까요?
나비 아가씨가 꽃밭 위로 날아가 눈을 크게 뜨고 이리저리
살폈습니다.
어느새 빨간 색으로 변해 있는 카멜레온이 나비 아가씨의 눈에
띄었습니다. 나비 아가씨는 큰 소리로 외쳤습니다.
"여기 있어요!"
모두 날개를 치며 빨간 꽃들이 피어 있는 곳으로 날아왔습니다.

하지만 카멜레온은 그림자도 보이지 않았습니다.
"여기 있어요, 여기 있어요!"
귀뚜라미가 소리를 질렀습니다.
"카멜레온이 노란색으로 변했어요. 지금 노란 꽃들 속에 숨어 있다고요!"
이번에는 모두들 노란 꽃들이 피어 있는 곳으로 몰려갔습니다.
하지만 이번에도 카멜레온은 보이지 않았습니다.
카멜레온은 벌써 풀숲으로 기어가 온몸을 초록색으로 물들이고 있었답니다.
메뚜기랑 자벌레랑 나뭇잎나비는 입을 모아 외쳤습니다.

"아프리카에서 오신 마술 대사님! 우리는 모두 대사님의 상대가 되지 못한다는 것을 깨달았습니다. 정말이지 무슨 수로 그렇게 여러 가지 색으로 변할 수 있나요?"

카멜레온은 풀숲에서 기어 나와 자기 살갗을 가리키며 말했습니다.

"제 살갗은 다른 동물들의 살갗과 다르답니다. 제 살갗의 모든 세포는 네 가지 색소를 가지고 있어요. 빨간색, 노란색, 붉은 밤색, 초록색 이렇게 네 가지예요. 이 네 가지 색소가 모두 순식간에 늘어났다가 줄어들 수 있답니다. 예를 들자면……."

카멜레온은 말하다 말고 다시 풀숲으로 기어갔습니다.
"초록색 색소가 초록색 물건에게 자극을 받으면
곧장 나뭇가지처럼 늘어나서 세포 속을 가득 메운답니다.
그러면 다른 세 가지 색소들은 바짝 줄어들어 작은 점이 되어요.
그래서 세포가 초록색을 띠게 되고 제 몸은 초록색으로 보이는
것이지요. 이제는 제 몸 색깔이 왜 쉽게 변하는지 아시겠지요?"
모두 눈을 크게 뜨고 보니 정말 카멜레온의 살갗은 초록색으로
변하고 있었습니다.
카멜레온은 풀숲에서 기어 나와 이야기를 계속했습니다.
"제 살갗은 수없이 많은 세포로 이루어져 있지요.
이 세포들이 다들 변하기 때문에 살갗이 온갖 빛깔로 변할 수
있답니다."
카멜레온은 또 새로운 묘기를 보여 주었습니다.
이번에는 한 가지 색깔이 아니라 한꺼번에 네 가지 서로 다른
색이 살갗에 나타났어요.
"저는 한 가지 색깔로 변할 수 있고, 알록달록한 색깔로 변할
수도 있답니다."

카멜레온이 마지막으로 말했습니다.

"그래서 많은 사람들이 저를 '아프리카의 마술사'라고 하지요."

카멜레온은 언제 색이 바뀌나요?
카멜레온은 보통은 초록색이나 노란색, 크림색, 짙은 갈색이에요. 기온이 낮아지면 회색으로, 화가 나면 빨간 색으로 변해요. 빛의 강약, 온도, 감정에 따라서 색이 변해요.

꼭꼭 숨어라, 머리카락 보인다

수풀 속에서 자벌레, 가시벌레, 잎벌레, 메뚜기, 나방이
나비 소녀 아롱이와 함께 놀고 있습니다.
자벌레가 재미있는 놀이를 생각해 냈습니다.
"우리 술래잡기하자! 나비가 술래가 되어 우리를 찾는 거야."
모두 다 신이 나서 찬성했습니다. 자벌레가 손수건으로
아롱이 눈을 가리자, 아롱이가 큰 소리로 숫자를 세었습니다.

"하나…… 둘…… 셋!"

아롱이가 손수건을 벗겨 내고 주위를 둘러보았습니다.

모두 어디에 숨었는지 날개 끄트머리도 보이지 않았어요.

아롱이는 수풀 사이로 훨훨 날아다니면서 친구들을 찾기 시작했습니다.

그때 어디서인가 자벌레의 고함 소리가 들려왔습니다.

"나 여기 숨었다! 어서 찾아봐, 메롱!"

아, 저쪽 나뭇가지 있는 데서 소리가 났어요!

나비 소녀 아롱이는 소리가 난 쪽으로 얼른 날아가 보았지만 아무리 살펴보아도 자벌레가 보이지 않았습니다.

아롱이는 고개를 갸우뚱거렸습니다.

'내가 잘못 들었나?'

아롱이가 그만 다른 곳으로 날아가려고 할 때였습니다.

갑자기 아롱이 눈앞에 있던 나뭇가지 하나가 저절로 움직이지 않겠어요?

'참 이상하네! 바람 한 점 불지 않는데 나뭇가지가 저절로 움직이다니!'

이때, 또 자벌레의 목소리가 들렸습니다.
"하하, 아롱아! 나 여기 있어! 이 나뭇가지가 바로 나인 줄 꿈에도 몰랐지? 나는 적에게 쫓길 때 이렇게 나뭇가지로 변장해서 감쪽같이 숨어 버린단다."
아롱이가 눈을 비비고 다시 자세히 보니, 정말 그 나뭇가지가 바로 자벌레였습니다.
저런, 바로 눈앞에 있는 자벌레도 못 보았다는 말이네요.
'어떻게 이럴 수가!'
아롱이는 믿어지지 않아서 눈만 깜박거렸어요.
'좋아, 이번에는 꼭 찾아내고 말 테야!'
아롱이가 마음을 단단히 먹고 다시 술래가 되어 돌기 시작했습니다.
오른쪽으로 갔다, 왼쪽으로 갔다, 앞으로 갔다, 뒤로 갔다, 이리 기웃, 저리 기웃 참 열심히 찾았어요.
해님도 바람도 숨을 죽이고 아롱이를 지켜보고 있네요.

그때 저쪽 풀잎 사이로 무엇인가 폴짝 뛰는 것이 보였습니다.

'옳지! 바로 저기 있군!'

아롱이는 방금 움직인 풀잎 쪽으로 재빨리 날아갔습니다.

그런데 이를 어쩌지요? 이번엔 틀림없다고 생각했는데

이번에도 아무것도 보이지 않네요.

'어찌 된 일일까? 내가 허깨비를 본 것은 아닐 텐데.'

사실은 메뚜기가 바로 옆에 있는 풀잎 위에 납작 엎드려

있었어요. 눈앞에 있는 자기를 못 찾고 두리번거리는 아롱이를

보면서 메뚜기가 속으로 생각했습니다.

'내가 풀잎과 똑같은 색깔의 옷을 입고 있어서 천만다행이야.

그러지 않았으면 나비한테 들키고 말았을 텐데.'

아롱이가 안 되겠다 싶어서 막 떠나려는데,

메뚜기가 일부러 헛기침을 했습니다.

아롱이가 기침 소리가 난 곳을 자세히 보니,

메뚜기가 풀잎 위에서 씩 웃고 있었어요.

"야, 찾았다!"

아롱이가 신이 나서 소리쳤습니다.

그러자 메뚜기가 손을 내저으며 말했습니다.

"찾기는 무얼 찾아? 내가 일부러 헛기침을 해서 너에게 알려 주었잖아."

그 말을 들은 아롱이는 아주 속상했어요.

메뚜기가 아롱이를 달랬습니다.

"너무 속상해하지 마. 내가 너한테 가시벌레 찾는 법을 가르쳐 줄게."

아롱이 얼굴이 금세 밝아졌어요.

메뚜기가 아롱이 귀에 대고 소곤거리자, 아롱이는 곧 날아올라 장미꽃을 찾아갔습니다.

아롱이가 장미 가지에 달린 가시들을 하나씩 하나씩 꼬집어 내려가자, 갑자기 "아얏!" 하고 누구인가 비명을 질렀습니다.

알고 보니, 장미 가시로 변장해 있던 가시벌레가 그만 아롱이에게 꼬집힌 것이었어요.

"야, 찾았다, 찾았어!"

아롱이는 신이 나서 어쩔 줄 몰랐어요.
이제 두 친구만 더 찾으면 됩니다.
아롱이가 다시 술래를 합니다.
꽃잎 속에 숨었을까, 풀잎 사이에 숨었을까…….
혹시 저 나무 뒤에 숨지는 않았을까?
그 순간, 으악! 아롱이는 가슴이 철렁 내려앉았어요.
부엉이가 저 나무 줄기에 앉아 왕방울만 한 두 눈알을
부라리고 있잖아요!
아롱이는 날개야 날 살려라 하고 정신없이 집으로
도망쳤습니다.
"무슨 일로 이렇게 헐떡거리니?"
엄마가 아롱이에게 물었습니다.
아롱이는 엄마한테 겁쟁이라는 소리를
들을까 봐 딴청을 부렸습니다.
"아무 일도 아니에요. 그런데요……
저, 잎벌레를 찾으려면 어떻게 하나요?"
엄마가 대답했습니다.

"잎벌레가 하늘을 날 때는 눈부시게 아름다운 양 날개를 펴기 때문에 금방 알아볼 수 있단다. 하지만 날개를 접고 나뭇잎에 앉아 있을 때는 찾기가 퍽 힘들 거야. 잎벌레 생김새가 나뭇잎과 꼭 닮았거든. 그래도 눈을 크게 뜨고 자세히 보면 잎벌레를 찾아낼 수 있지."

아롱이가 엄마 말씀대로 가서 찾아보니, 정말 잎벌레가 나뭇잎에 숨어 있었습니다.

아롱이는 신이 나서 소리쳤습니다.

"야호! 드디어 다 찾았다!"

그러자 자벌레와 메뚜기가 입을 비쭉거리며 말했습니다.

"뻔뻔스럽구나! 우리는 네가 찾아낸 것이 아니잖아!"

아롱이가 얼굴이 빨개져서 소리 없이 웃고 있는데 또 잎벌레가 말했습니다.

"아니야! 아직 하나가 남았어."

그리고 보니 아직 나방이 보이지 않았어요.

그때, 나무줄기에서 나방이 말했습니다.

"나는 여기 있지!"

아롱이가 쳐다보니, 나방은 아까 부엉이가
눈알을 부라리고 있던 바로 그 나무에 앉아 있었어요.
아니, 나방은 부엉이가 무섭지도 않나요?
아롱이는 아직도 무서워서 목이 움츠려 드는데 나방이
날아와서 말했습니다.
"내 날개는 나무껍질과 색깔이 비슷하단다.
내가 양 날개를 옆으로 활짝 펼치면, 날개 안쪽에 박혀 있는
무서운 무늬가 밖으로 드러나게 되지. 그 무늬는 얼핏 보면
부엉이의 큰 눈알을 닮았거든. 나는 이 방법을 써서 적을 깜짝
놀라게 하지. 하지만 아까 너를 놀라게 한 것은 장난이 좀
심했던 것 같아 미안하구나."
아롱이는 또 속은 일이 너무도 분해서 나방에게 달려들어
알밤을 먹였습니다.
친구들은 손뼉을 치고 깔깔대며 웃었어요.

꼭꼭 숨어라, 머리카락 보인다 · 65

생존 전략

우리는 숨바꼭질 선수예요

동물은 살아남기 위해서 혹은 먹잇감에 접근하기 쉽도록 색이나 모양으로 위장을 해요. 누구도 찾지 못하게 꼭꼭 잘도 숨지요.

보호색

배추벌레나 송충이 같은 벌레나 기린, 북극곰들은 몸 색깔이 주변 색과 비슷해서 적이 잘 찾지 못해요.

나 찾아 봐라.

송충이는 나뭇잎이나 나뭇가지의 색과 비슷해요.

청개구리는 잎 위에 있을 때는 초록색, 바위 위에서 갈색으로 변해요.

경계색

무당벌레의 붉은색, 벌의 노랑색, 검정색 때문에 천적은 독이 있거나 나쁜 맛이 나는 위험한 생물이라고 여겨요.

난 위험해요. 먹으면 큰일 난다고.

웩! 이상한 색이야. 안 먹을래.

얼룩말과 사자의 싸움

얼룩말은 놀라서 허둥대는 일이 결코 없습니다.

사자가 잡아먹으려고 달려들면 얼룩말들은 나는 듯이 도망을 치다가 잽싸게 한데 뭉칩니다. 여러 마리가 머리를 안으로 하고 엉덩이를 밖으로 하여 둥그런 원을 이루는 것이지요.

지금도 여기 아프리카 초원에서는 사자와 얼룩말이 싸우고 있습니다.

아기 개코원숭이를 등에 태운 큰 얼룩말도 다른 얼룩말들이
원을 만드는 데 끼어 엉덩이를 밖으로 빼고 있습니다.
얼룩말 등에 올라타서 놀러 나왔던 개코원숭이는 무서워서
애가 탔습니다.
'얼룩말들이 왜 달아나지 않는 것일까?'
그때 뒤쫓던 사자 세 마리가 달려와서 곧장 얼룩말들을
덮치려고 했습니다.
그런데 사자들이 얼룩말들에게 거의 다가온 순간 얼룩말들은
한꺼번에 뒷발을 들어 힘껏 발길질을 했습니다.
사자들은 하는 수 없이 뒤로 물러나 흉악한 눈으로 얼룩말들을
노려볼 뿐이었어요.
그래도 얼룩말들은 커다란 동그라미를 만든 채 조금도
움직이지 않았습니다.
아기 개코원숭이는 사자들의 무서운 공격에 간이 콩알
만해져서 눈을 꼭 감고 있었습니다.
"퍽!"
갑작스러운 소리에 개코원숭이가 눈을 떠 보니 사자 한 마리가

얼룩말의 뒷발질에 차여 나뒹굴고 있었습니다.
"와, 신 난다!"
개코원숭이가 소리를 지르며 박수를 쳤습니다. 하지만 아직도 사자 두 마리가 남아 얼룩말들의 동그라미를 무너뜨리려고 어슬렁거리며 기회를 엿보고 있었습니다.
하지만 사자가 어느 쪽을 공격하든 어김없이 얼룩말의 뒷발이 날아오니 맹수의 왕인 사자도 어떻게 할 방법이 없었습니다.
그때 개코원숭이를 태우고 있던 큰 얼룩말이 몇 걸음 뒷걸음질을 치자 다른 얼룩말들도 약속이나 한 듯이 뒷걸음질 치며 맹렬히 사자를 공격했습니다.

사자들이 뒤로 주춤거리자 얼룩말들은 그 틈을 이용해 다시 내달리기 시작했지요. 사자들도 빨리 쫓아왔지만 얼룩말이 달리는 속도가 더 빨랐어요.
아기 개코원숭이는 얼룩말 아저씨의 목 뒤에 난 갈기를

꼭 붙잡고 고개를 숙였어요.
쌩쌩거리며 귓가로 바람이 스쳤습니다.
쫓기다가 멈춰 서서 동그라미를 만들고, 그러다가는 다시
달아나고 하는 숨막히는 싸움이 계속되었습니다.
사자들은 달리기가 계속되자 곧 지쳐서 얼룩말 쫓기를
그만두고 말았습니다.
어느덧 초원을 달리던 얼룩말들 앞에 큰 숲이 나타났습니다.
큰 얼룩말이 아기 개코원숭이를 내려놓으며 말했습니다.
"개코원숭이야, 이제 그만 놀고 집으로 돌아가거라."
아기 개코원숭이는 얼룩말의 당부가 아니더라도 어서 빨리
집으로 돌아가고 싶었습니다.

오늘 자기가 본 얼룩말들의 용기와 멋있게 싸우던 모습을
빨리 엄마한테 이야기하고 싶었기 때문이지요.
"얼룩말 아저씨, 안녕. 저는 오늘 일을 결코 잊지 못할 거예요."
큰 얼룩말은 아기 개코원숭이가 숲 속으로 사라지는 것을
지켜보고는 마치 아무 일도 없었다는 듯 풀을 뜯고 있는
얼룩말들에게 달려갔습니다.

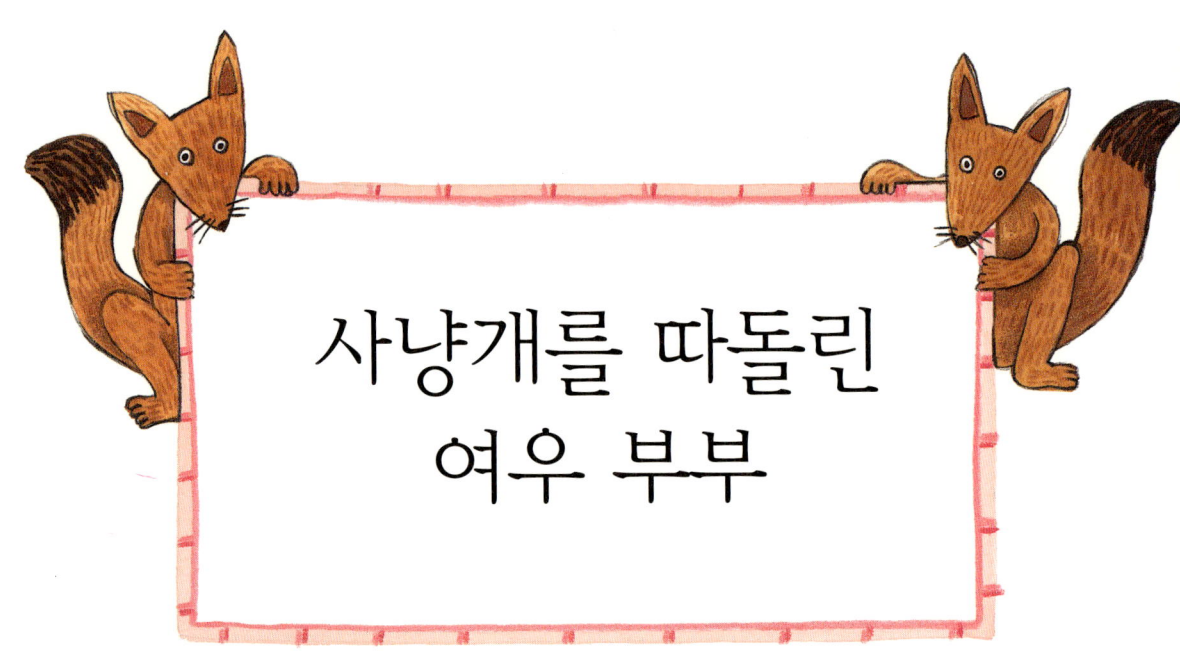

사냥개를 따돌린 여우 부부

해님이 막 하늘 한가운데로 들어서려는 참이었습니다.

아빠 여우가 산허리를 넘어 천천히 가고 있었어요.

산허리를 넘은 지 얼마 되지 않아 뒤에서 무슨 소리가 났습니다.

누가 오나 싶어서 돌아보는 순간 아빠 여우는 깜짝 놀라고

말았습니다.

커다란 사냥개가 나타났으니까요.

사냥개는 가슴이 딱 벌어지고 허리가 가늘어서 사냥하기에
더없이 좋은 체격이었답니다.
또 주둥이는 뾰족하면서도 길고, 머리 위에는 세모꼴의 귀가
솟아 있어서 꼭 이리처럼 보였습니다.
사냥개 뒤에는 얼굴이 햇빛에 붉게 그을린 키 큰 사냥꾼이
따라오고 있었습니다.
사냥꾼은 어깨에 엽총을 메고 있었지요.
사냥개는 여기저기를 쿵쿵거리더니 아빠 여우가 있는 낭떠러지
쪽으로 달려오려고 했습니다.
아빠 여우는 위험한 순간에도 침착하게 생각했어요.
'저 사냥개가 나를 죽이고 우리 집까지 덮치면 어떡하지?
나 혼자 도망칠 수는 있어. 하지만 집에 있는 우리 아이들은
꼼짝없이 사냥개한테 당할 거야.
아, 어떻게 해야 아이들도 살리고 나도 살 수 있을까?'
아빠 여우는 무슨 일이 있어도 자식들을 지키기로
다짐했습니다.
여우는 영리한 짐승입니다. 그래서 금방 좋은 생각이 났습니다.

일단 사냥꾼과 사냥개가 아이들이 있는 집으로 가지 못하게
하는 방법입니다. 아빠 여우는 두 번 길게 울음소리를
냈습니다. 집에 있는 아이들에게 위험 신호를 보낸 것이지요.
아기 여우 다섯 마리는 아빠 여우의 울음소리를 듣자마자
재빨리 땅굴 속으로 숨었습니다.
아빠 여우는 몸을 일으켜 집과 반대쪽 산속으로 뛰어갔습니다.
일부러 사냥개 눈에 띄어 사냥개가 자기 쪽으로 쫓아오게
하려는 것이었지요.
사냥개는 아빠 여우를 보자마자 사납게 짖어 대며
달려왔습니다.
사냥꾼도 사냥개 뒤를 따라 아빠 여우가 있는 쪽으로
뛰어왔습니다.
이제 아기 여우들은 위험하지 않게
되었습니다. 하지만 아빠 여우는
사냥개에게 쫓기는 처지가 되었습니다.
사냥개는 아빠 여우를 바짝
쫓아왔습니다.

아빠 여우는 산을 뛰어올라가 소나무 숲으로 들어갔어요.

사냥개도 아빠 여우의 냄새를 맡으며 끈질기게 쫓아왔습니다.

아빠 여우가 이쪽으로 가면 사냥개도 이쪽으로 오고,

아빠 여우가 저쪽으로 가면 사냥개도 저쪽으로 왔습니다.

사냥개가 정말 무섭게 쫓아왔기 때문에 조금만 속도를

늦추어도 덜미를 잡힐 판이었답니다.

이렇게 사냥개가 아빠 여우를 놓치지 않고 계속 쫓아올 수 있는

것은 무엇보다도 냄새를 잘 맡는 코 덕분입니다.

아빠 여우는 지나는 곳마다 냄새를 남기게 된답니다.

사냥개는 코를 땅에다 가져다 대고 벌름벌름 아빠 여우가 남긴

냄새를 맡습니다. 그러면 굳이 눈으로 보지 않아도 정확히

아빠 여우의 뒤를 따를 수가 있어요.

아빠 여우는 다시 생각했습니다.

'저 사냥개를 따돌릴 방법을 찾아야 해, 이렇게 달아나기만

하다가는 안 되겠어.

아빠 여우는 있는 힘을 다해 달리면서 열심히 사냥개를 따돌릴

방법을 생각했습니다.

아빠 여우는 산봉우리를 넘고 소나무 숲을 지나 단숨에
산자락에 있는 풀밭으로 달려갔습니다.
풀밭에서는 착한 양 떼가 풀을 뜯고 있었어요.
아빠 여우는 드디어 사냥개를 따돌릴 수 있는 방법이 생각나
너무나 기뻤습니다.
아빠 여우는 재빨리 양 떼 속으로 뛰어들더니 그 가운데
한 마리의 몸 위로 풀쩍 뛰어올랐습니다.
발이 양의 몸에 닿는 순간 아빠 여우는 다시 껑충 뛰어
다른 양의 등으로 올라갔습니다.

그런 식으로 양들만 디디고 풀밭을 지난 아빠 여우는 풀밭 동쪽 숲으로 사라졌습니다.
아빠 여우가 풀밭을 떠나자마자 사냥개가 나타났습니다.
하지만 이제부터는 땅에서 아빠 여우의 냄새를 맡을 수가 없었답니다. 냄새라고는 이리저리 돌아다니는 양들의 몸에서만 날 뿐이었어요.
이제 사냥개는 여우를 쫓아갈 방법이 없었습니다.

하는 수 없이 사냥개는 자기 주인을 찾아 오던 길로
되돌아갔습니다.

사냥감을 놓친 사냥꾼과 사냥개는 터덜터덜 남쪽의 낮은
언덕으로 걸어갔습니다.

아빠 여우는 그제서야 마음이 놓였지만 그래도 혹시나 하고
일부러 먼 길을 돌아 집으로 돌아갔습니다.

그런데 그동안 엄마 여우는 어디서 무엇을 하고 있었을까요?

엄마 여우는 아기 여우들을 재워 놓고 혼자 사냥을 하고
있었답니다.

그런데 하필 엄마 여우가 간 곳은 풀밭 남쪽의
낮은 언덕이었어요.

사냥꾼과 사냥개가 가고 있는 바로 그 언덕 말이에요.

언덕을 천천히 걷던 엄마 여우는 언덕 중간 풀숲에서 꿩 한
마리를 발견했습니다.

엄마 여우는 살금살금 다가가서 꿩을 홱 덮쳤습니다.

엄마 여우는 꿩을 입에 물고 잔뜩 신이 나서 집으로 가려고
했습니다.

하지만 이를 어쩌면 좋아요?

꿩이 엄마 여우한테 붙잡히면서 비명을 질렀는데 사냥개가 그 소리를 들어 버렸답니다.

사냥개는 소리가 난 쪽으로 힘껏 달리기 시작했어요.

엄마 여우가 몇 걸음 가다가 뒤쪽에서 달려오는 소리를 들었습니다.

그 순간 엄마 여우는 위험하다는 것을 알아챘지요.

엄마 여우는 물고 있던 꿩도 버리고 달아났습니다.

사냥개는 무서운 속도로 쫓아왔답니다.

엄마 여우는 숨 한 번 제대로 쉴 틈도 없이 언덕 아래로 뛰어내려갔습니다.

언덕 아래에는 철길이 놓여 있었습니다.

때마침 시커먼 기차 한 대가 칙칙폭폭 연기를 내뿜으며 철길 위를 지나갔습니다.

엄마 여우는 철길로 다가갔습니다.

철길은 기차 바퀴가 마찰을 일으켜서 무척 뜨거웠습니다.

엄마 여우는 그 뜨거운 철길 위로 뛰어올랐습니다.

그러고는 다시 있는 힘껏 뛰어 길가 풀숲으로 가서 숨었습니다.

엄마 여우가 풀숲으로 사라지자 철길 건너편에 사냥개가 나타났습니다.

그런데 이게 또 어찌 된 일일까요?

사냥개는 아빠 여우를 쫓을 때처럼 이번에도 엄마 여우의 냄새를 더 이상 맡을 수가 없었습니다.

철길에서 나는 뜨거운 열이 엄마 여우의 냄새를 지워 버린 것이지요. 사냥개는 또 한 번 뜀박질만 실컷 하고 허탕을 친

셈이에요.

엄마 여우도 아빠 여우처럼 머리를 잘 써서 위험에서 벗어났습니다.

여우 부부와 아기 여우들은 다시 모여 행복하게 살았습니다.

바닷게가 엄마를 찾네

아기 바닷게가 바다 밑 동굴에서 잠을 자다가 깨어 보니 엄마가 보이지 않았습니다.
"엄마 잉잉……, 엄마 어디 갔어!"
소라가 껍데기 밖으로 머리를 내밀고 말했습니다.
"불쌍한 아기 게야, 너희 엄마는 다시는 돌아오지 못할 거야."
"아니야, 잉잉…… 엄마 어디 갔어? 엄마, 엄마!"

아기 바닷게는 목이 터져라 엄마를 불렀습니다.

"정말이야. 방금 큰 문어가 팔 여덟 개를 흔들며 네 엄마 다리를 붙드는 것을 내 눈으로 똑똑히 보았어.

네 엄마를 한입에 삼켰어."

"엄마, 잉잉. 엄마 어디 갔어!"

아기 바닷게는 울며불며 동굴에서 기어 나왔습니다.

조금 기어가다 보니 바닷게 다리 하나가 떨어져 있었습니다.

다가가 보니 그것은 엄마 바닷게의 다리였습니다.

소라도 다가와서 보고는 말했습니다.

"아기 바닷게야, 봐. 내가 거짓말한 게 아니라니까.

큰 문어, 그러니까 아주 사나운 문어가 팔 여덟 개를 휘두르며 네 엄마를 덮쳐 가지고는……."

"그 뒤에는?"

"그 뒤에, 너희 엄마는 다리를 문어에게 붙들렸지.

그러고는…… 그러고는, 나는 무서워서 우리 집에 숨었어."

이때 소라는 다리가 여러 개 달린 괴물을 또다시 보았습니다.

소라는 깜짝 놀라 소리질렀습니다.

"큰일 났다. 큰 문어가 또 왔다!"
소라는 머리를 껍데기 속으로 집어넣고는 잽싸게 집으로 도망쳤습니다.
하지만 아기 바닷게는 엄마 바닷게의 다리를 품에 안고 있으니까 아무것도 무섭지 않았습니다.
"그래, 한번 싸워 보는 거야.
그래서 엄마 대신 복수하고 말겠어!"
아기 바닷게는 당당히 앞으로 걸어갔습니다.

그런데 아기 바닷게는 깜짝 놀랐습니다.

헤엄쳐 오는 것은 문어가 아니고 다리가 하나 잘린 엄마

바닷게였습니다.

"엄마!"

아기 바닷게는 소리를 지르며 달려가서 엄마를 안았습니다.

엄마 바닷게는 큰 집게발로 부드럽게 아기 바닷게를

쓰다듬으며 말했습니다.

"얘야, 오래 기다렸지?"

"응, 엄마. 하지만……."

아기 바닷게는 엄마 바닷게의 다리를 보자 마음이 아팠습니다.

"괜찮아."

엄마 바닷게는 아기를 달래며 말했습니다.

"얘야, 바로 이 다리가 엄마를 구해 주었어!"

아기 바닷게는 무슨 뜻인지 잘 알 수 없었습니다.

엄마 바닷게는 계속 설명했습니다.

"우리 바닷게는 몸을 지키는 특별한 재주를 가지고 있단다.

흉악한 물고기가 우리 다리를 물어도 얼른 그 다리를

잘라 낼 수가 있거든. 떨어져 나간 다리를 물고기가 물고 있는 사이 우리는 얼른 도망치는 거야."

"하지만 다리를 떼어 내면 피가 나잖아요?"

아기 바닷게는 고개를 갸웃거리며 물었습니다.

"그렇게 서두르지 마."

엄마 바닷게는 천천히 말했습니다.

"우리 다리 근육은 혈관을 완전히 막아 준단다. 그래서 다리를 잘라도 피가 나지 않지!"

"하지만 엄마는 다리가 하나 없으니까 앞으로 헤엄치기 불편하시겠어요."

"걱정하지 마, 금방 새 다리가 자랄 테니까."

두세 달이 지나자 엄마 바닷게의 다리는 다시 자라났습니다.

"하하!"

아기 바닷게는 신이 났습니다.

"앞으로 나도 문어를 만나면 내 다리를 물어 달라고 해야지!"

"누구에게 다리를 물어 달라고?"

옆집 소라가 깜짝 놀라 머리를 내밀었습니다.

그랬더니 저만치 헤엄쳐 가는 엄마 바닷게와 아기 바닷게가 보였습니다.
소라는 어리둥절했습니다.
"아니, 저 아기 바닷게와 엄마 바닷게가 무슨 이야기를 하고 있지?"

방어 행동

우리는 도망가기 선수예요

위험에서 벗어나기 위해 동물들은 아주 영리하게 행동해요.
천적의 공격을 받으면 자기만의 독특한 방법으로 도망을 가요.

죽은 척하기

육식 동물 가운데는 죽은 짐승을 안 먹는 동물도 있어요.
그래서 몇몇 동물은 적이 다가오면 죽은 척하기도 해요.

유럽유혈목이
위험을 느끼면 입을 벌리고 누워서 죽은 시늉을 하고 배설물을 몸 밖으로 내보내요.

무당벌레
새들은 죽은 먹이를 좋아하지 않기 때문에 벌렁 누워 머리를 몸속으로 집어넣고 다리를 움츠려 죽은 척해요.

남쪽주머니쥐
놀랐을 때 쓰러져서 축 늘어져 숨도 쉬지 않아요. 적은 건드려 보디가 죽은 줄 알고 가 버리지요.

(말풍선: 다 죽은 거야? 식욕이 뚝 떨어졌어.)

공격하기

도망갈 시간을 벌기 위해서 적의 관심을 다른 곳으로 돌리는 동물도 있어요.

오징어
위험하면 먹물을 내뿜어요. 적이 찾지 못하거나 착각해서 먹물을 쫓아다니면 그동안 도망가요.

스컹크
꼬리를 들고 발로 땅을 구르다가 고약한 냄새가 나는 액체를 적에게 내뿜어요.

몸을 잘라 내기

자기 몸의 한 부분을 끊어 내고 도망가는 동물도 있어요.
끊어진 몸은 다시 자라나지요.

불가사리
잘려진 곳은 자라나고 잘라 낸 조각은 또 다른 불가사리가 되어요.

줄지렁이
공격을 받으면 몸이 둘로 나뉘고 각각 자라서 두 마리가 되어요.

도마뱀
적에게 잡히면 몸통을 흔들어 꼬리를 잘라 내요. 적이 잘린 꼬리가 도마뱀인 줄 착각하는 동안에 도망쳐요.

꼬리나 먹어라!

적을 놀라게 하기

적이 다가오면 몸을 크게 부풀리거나 분비물을 내뿜어 적을 놀라게 해요.

개코원숭이
눈꺼풀을 내리깔고 입술을 뒤집고 이빨을 드러내고 위협해요.

으악, 무섭지?

목도리도마뱀
목에 달린 비늘막을 펼치고 입을 크게 벌려 달려드는 듯하면 적이 놀라서 멈칫해요.

내 큰 얼굴이 더 무섭지?

사막뿔도마뱀
눈 주위 모세혈관을 터뜨려 피를 뿜어 적을 놀라게 하고서는 도망가요.

내 피를 받아라!

숙제 도우미

동화에 나오는 동물들의 사진이에요.
사진으로 동물들의 생김새를 살펴보세요.
사진 뒷면에 나온 정보를 보면
동물들의 생태를 알 수 있어요.
한 장씩 오려서 숙제할 때 활용하세요.

잎벌레

개코원숭이

잎벌레는 식물의 잎이나 뿌리를 먹어요.

개코원숭이는 수컷을 중심으로 무리를 이루어 살아요.

남다른 재주가 있는 동물들이에요.
생김새와 특성을 알아보아요.

교과 과정 1-1 5. 자연과 함께해요 5-2 1. 환경과 생물

호저

세발가락나무늘보

복어

캥거루

거품벌레

임팔라

세발가락나무늘보는 밀림에 살아요. 낮에는 나무에 거꾸로 매달려 잠을 자고 밤에 활동하는 야행성 동물이에요.	숲에 사는 호저는 낮에는 구멍 속에 숨어 있다 밤이 되면 나와 나무 열매나 껍질, 풀뿌리를 먹어요.
세발가락나무늘보	호저
캥거루는 뒷다리 힘이 아주 세요. 빨리 달릴 때에는 뒷발로 펄쩍 뛰고 새끼주머니에 새끼를 넣어서 길러요.	육식성인 복어는 단단한 이와 발달한 턱의 근육으로 새우와 게, 불가사리, 작은 물고기를 먹고 살아요.
캥거루	복어
아프리카에 사는 임팔라는 대개 물가에서 큰 무리를 지어서 살아요. 수컷은 긴 뿔이 있어요.	거품벌레의 몸은 노란빛을 띤 갈색이에요. 우리나라, 일본, 소련이 있는 북반구에 살아요.
임팔라	거품벌레

남다른 재주가 있는 동물들이에요.
생김새와 특성을 알아보아요.

교과 과정 1-1 5. 자연과 함께해요 5-2 1. 환경과 생물

유럽유혈목이

목도리도마뱀

개코원숭이

불가사리

스컹크

잎벌레

95

목도리도마뱀은 오스트레일리아와 뉴기니에 살아요. 적을 위협할 때뿐 아니라 암컷을 유혹하거나 체온을 조절할 때도 목도리를 펼쳐요.

목도리도마뱀

유럽유혈목이는 물속에 살면서 물고기를 잡아먹어요.
몸길이는 보통 1미터가 안 돼요.

유럽유혈목이

불가사리는 바다 밑 모래뻘에 살면서 조개 종류를 잡아먹어요. 입은 아래쪽 가운데에 있고 항문은 등에 있어요.

불가사리

비비라고도 하는 개코원숭이는 수컷을 중심으로 30~50마리가 무리를 이루어 살아요. 수컷의 몸무게는 20~40킬로그램이고 암컷은 수컷의 절반쯤 돼요.

개코원숭이

잎벌레는 식물의 잎이나 뿌리를 먹는데, 어른벌레는 주로 꽃이나 잎을, 애벌레는 잎이나 뿌리를 갉아 먹지요.

잎벌레

스컹크는 긴 갈고리발톱으로 굴을 파서 낮에는 잠을 자고, 밤이 되면 곤충이나 들쥐, 알, 새, 식물을 먹어요.

스컹크